Besuchen Sie uns im Internet:

www.kirchenshop-online.de

Komplett überarbeitete Neuauflage

ISBN 978-3-7984-0814-2

Cover: Florian Huber, Thalhausen
© J. F. Steinkopf Verlag, Kiel 2011
Printed in Germany

Thomas Schleiff

Verse über die Ferse

Heitere christliche Körperkunde

Illustriert von Gretje Witt

J. F. Steinkopf Verlag

Dr. Thomas Schleiff,

Jahrgang 1950, ist Pastor in Heide, nahe der schleswig-holsteinischen Nordseeküste, und hat bereits mehrere erfolgreiche Bücher mit humoristischen Versen veröffentlicht, u.a.:

(vgl. www.kirchenshop-online.de)

Fußball und andere Torheiten

Eine der schönsten Nebensachen der Welt in gereimten Ungereimtheiten, originell illustriert von Florian Huber. Thomas Schleiff verbindet fußballerisches Interesse heiter mit christlichem Hintergrund. Er würdigt auch andere Sportarten und dankt schließlich wird den Verlierern, ohne die es keine Sieger gäbe.

2006, 72 Seiten, kart., ISBN 978-3-7984-0782-4

Der Vogel mit dem Doktorhut

Animalische Verse von Thomas Schleiff. Pointierte Unterhaltung mit augenzwinkernden Blicken auf tierische und menschliche Stärken oder Schwächen, illustriert von Gretje Witt. Der Titel gibt den Inhalt des Buches trefflich wieder. Denn alle Tiere, die hier ihre Verse vortragen, tun es ebenso originell wie nachdenklich.

2007, 96 Seiten, kart., ISBN 978-3-7984-0790-9

Ein Uhrmacher im Himmel

Welche beruflichen Chancen bietet der Himmel? Vor solch existenziellem Problem stehen Angehörige verschiedener Berufsgruppen. Wer sich selbst (nicht nur) einen Reim auf die Frage machen möchte, ist mit diesem Gedichtband von Thomas Schleiff, den wieder Florian Huber illustriert hat, aufs Unterhaltsamste bedient.

2009, 84 Seiten, kart., ISBN 978-3-7984-0799-2

INHALT

Vorwort

Ich schaue in einen Spiegel. Da ist er also: mein Kopf. Ich kann ihn sehen und befühlen. Er ist ein Gegenstand für mich, etwas kleiner als ein Fußball.

In diesem „Gegenstand" ist andererseits das beheimatet, was kein Gegenstand ist, was ich nicht anfassen und sehen kann: mein Erleben, mein Denken, meine „Seele". Wie hängt das zusammen: das Innere und das Äußere, das nicht greifbare Ich und der greifbare Körper?

Das ist eines der Themen, die in den hier versammelten Versen in heiterer und besinnlicher Absicht aufgegriffen werden.

Das Rahmenthema des Buches ist der menschliche Körper. Es ist in der ersten Auflage 1996 bei Vandenhoeck & Ruprecht in Göttingen erschienen und seit etwa zehn Jahren vergriffen. Ich bin immer wieder nach einer Neuauflage gefragt worden. Besonders erinnere ich mich an einen Brief, in dem eine Dame ihre Hoffnung ausdrückt, bald wieder „Fersengeld" bezahlen zu können. In diesem Sinne hoffe ich natürlich, dass einiges an „Fersengeld" in Buchhandlungen über den Ladentisch geht.

In dieser neuen Auflage sind viele ältere Texte weggelassen und andere neu aufgenommen worden. Komplett neu ist der IV. Teil: „Variationen über das Eisessen". Er sprengt zwar den Rahmen der „christlichen Körperkunde". Aber als kleiner reizvoller Exkurs zum Thema „Essen und Trinken" kann er hier doch seinen Platz haben.

Die Gedichte über den „Klimmzug" und den „Hochsprung" kann man auch in „Fußball und andere Torheiten" (J. F. Steinkopf Verlag 2006; vgl. S. 4) finden. Ich habe sie hier aufgenommen, weil sie gut in den Zusammenhang passen.

Dr. Ernst Gerhardt aus Heide und Amandus Peters aus Bielefeld habe ich zahlreiche sprachliche Verbesserungen zu verdanken. Besonders danke ich meiner Frau Erika, die viel zur Form der Verse beigetragen hat.

I. Das kleine Körper-ABC

Die *ADERN* sind als langer Strang
rund achtzigtausend Meilen lang.[1]

Den *BAUCH* beginnen wir zu hassen,
wenn unsre Hosen nicht mehr passen.

Wir selber müssen freilich sterben;
die *CHROMOSOM'N* gehn an die Erben.

Wir brauchen auch die kleinen Dicken –
wer könnte ohne *DAUMEN* sticken?

In unserm Blut fließt sogar *EISEN*;
ich kann's kaum glauben, trotz Beweisen.

Der Mensch spielt, anders als das Tier,
mit *FINGERN* virtuos Klavier.

Es ist nicht gut für die *GEFÄßE*,
sitzt du zu viel auf dem Gesäße.

Die *HACKEN* zeigen die, die sprinten,
den Konkurrenten gern von hinten.

Der *ISCHIAS* macht viel Verdruss,
oft schlimmer als ein Hexenschuss.

Dass Leute ihr „*JESICHT*" verziehn,
gibt's nur in einer Stadt: Berlin.

Der *KOPF* ist unsre Schaltzentrale,
was für Behaarte gilt und Kahle.

Ich finde nicht, dass Zungen lügen,
die warnen vor den *LUNGENZÜGEN*.

Die *MUSKELN* bei den Schwerathleten
sind hochgezüchtet zu Paketen.

Die *NIEREN* soll'n uns reinigen;
weh uns, wenn sie uns steinigen!

Die *O-BEINE* sind ganz ein Dings:
Eins hat man rechts, eins hat man links.

Durch *PILLEN* wird man manches Weh los,
und seien es auch bloß Placebos.

Sei auf der Hut, wenn jemand naht
mit einem Schädel im *QUADRAT*!

Man nimmt die Frau gern auf die Schippe
und sagt, sie sei aus Adams *RIPPE*.

Trägt man als Mensch ein *SEGELOHR*,
so trage man es mit Humor!

Das *TROMMELFELL* kann sich nicht wehren;
es muss viel dummes Zeug anhören.

Beim Boxer wird der *UNTERKIEFER*
je mehr er einsteckt immer schiefer.

Der Arzt spritzt uns in unsre *VENE*
und sagt: „Das tut doch wohl nicht weh, ne?"

Der *WEISHEITSZAHN* macht uns nicht schlau,
doch leider macht er manchmal „Au".

Das *X* ist bei den Chromosomen
für Weiblichkeit das rechte Omen.

Wird man ein Junge, kommt es von
dem Chromosom des *YPSILON*.

Das Z steht hier am letzten Ort,
die *ZUNGE* hat das letzte Wort.

II. Spaß und Ernst rund um den Körper

Das Gen

Ein winzig kleines Menschen-Gen
lässt sich so gut wie niemals sehn.
Es ist bescheiden, hält den Mund
und wirkt still aus dem Hintergrund.

Ein winzig kleines Menschen-Gen
ist letztlich gar nicht zu verstehn.
Wie können auf so kleine Massen
all unsre Eigenschaften passen?

So mancher ist nicht einverstanden
mit seiner Art, wie er vorhanden,
und scheint sich nach ganz andern Genen,
als die er nun mal hat, zu sehnen.

Er möchte gerne Geistesgaben
wie Goethe oder Einstein haben
und schmiedet heimlich große Pläne,
doch was ihm fehlt – sind dafür Gene.

Nicht jedes Gen ist gen-ial,
und uns bleibt keine andre Wahl:
Bejahe deine eignen Gene,
die, die du hast – ja eben jene.

An einem kleinen Menschen-Gen
soll man auf jeden Fall nicht drehn.
Wie Menschen werden aus den Ahnen,
das soll und kann der Mensch nicht planen.

In jedem Gen liegt Genesis
und damit Er, der lang schon bis
auf diesen Tag das Leben gibt
und uns samt unsern Genen liebt.

Die Ferse

Und wär ein Mensch auch gut und helle,
hat er doch seine schwache Stelle.
Als Beispiel hält, schon seit Homer,
dafür Achilles' Ferse her.

Auf diese Ferse sehn wir gerne,
nur nicht bei uns, ach, das sei ferne!
Doch sehen wir uns daran satt,
wenn sonstwer einen Schwachpunkt hat.

Und während wir uns daran laben,
dass andre Leute Schwächen haben,
sind wir persönlich sehr bemüht,
dass man bei uns die Stärken sieht.

Achillesfersen sind beliebt,
sofern es sie bei andern gibt.
Ein Trost, wenn man sie dort entdeckt:
„Sieh an, auch der ist nicht perfekt."

Die Achseln

Die Achseln sieht man ziemlich deutlich,
sie sind da oben, und zwar seitlich,
die eine links, die andre rechts,
bei Menschen beiderlei Geschlechts.

Sie fallen meistens gar nicht auf,
doch manchmal schieben sie sich rauf,
und wenn wir dann genauer gucken,
dann merken wir: Die Achseln zucken.

Das hat bei mir und allen Leuten
bekanntlich etwas zu bedeuten:
Zuck ich die Achseln, heißt das schlicht:
„Es tut mir leid, das weiß ich nicht."

Ein jeder kommt in diese Lage,
vielleicht gar schon bei dieser Frage:
Wie kommt's, dass man die Achseln zuckt?
Hat man sich das wo abgeguckt?

Sah man bei andern diesen Brauch
und zuckte dann allmählich auch?
Dann wär's gesellschaftlich bedingt,
dass man die Achseln kopfwärts zwingt.

Vielleicht liegt's aber auch im Blut,
sodass man es von selber tut?
Dann wär es von Natur gegeben,
dass wir die Achseln ratlos heben.

Wir schauen suchend in die Runde
und fragen nun die Völkerkunde.
Sie kennt ja wohl auf dieser Erde
den Ursprung jeglicher Gebärde:

Wo ist das Zucken nun verbreitet?
O weh, die Wissenschaft, sie streitet
und sagt uns dann: Beim Eskimo
sei es vermutlich so und so,

genau jedoch kann man's nicht sagen,
weil die so dicke Pelze tragen.
Bei den Japanern und Chinesen
sei es mal so, mal so gewesen;

sie sind so sanft in der Bewegung,
man sieht nicht gleich den Sinn der Regung.
Und was die Schwarzen und Mulatten
in dieser Hinsicht bisher hatten,

das muss zunächst noch offen bleiben –
vielleicht wird man's noch niederschreiben
und später dicke Bücher drucken
zu unserm Thema „Achselzucken".

Mein lieber Freund, das weißt du nun:
Wir wissen nicht, was wir da tun!
Wie wenig wir von uns verstehn,
ist achselzuckend einzusehn.[2]

Körpersprache

Ich rate dir: Gib du gut acht
auf alles, was dein Körper macht!
Denn mancher meint, dass er daran
dein Inneres erkennen kann.

Wenn du dir auf die Lippen beißt,
dann meint der Schlaukopf, dass das heißt:
Du bist verbissen und verspannt,
du brauchst Erholung auf dem Land.

Halt bloß die Arme nicht verschränkt,
weil sonst der Menschenkenner denkt,
du seist verschlossen und gehemmt,
kontaktarm, ängstlich und verklemmt.

Und dann das feine Spiel der Hände –
die Reflexion hat nie ein Ende.
Doch können wir beim Reflektieren
die Unbefangenheit verlieren,

sodass wir ständig überlegen,
wie wir uns geben und bewegen:
Wie soll ich meine Arme halten?
Wie kann ich mein Gesicht gestalten?

Wie soll ich vor den Leuten stehen
und wie ganz überzeugend gehen?
Wie wirkt's, wenn ich am Kopf mich kratze?
Und wie erheb ich mich vom Platze?

Postskriptum

Doch trittst du gar von einem Bein
aufs andre (jeder kennt die Pein),
verstell dich nicht und such den Ort,
und zwar, ich rate dir, sofort!

Folgst du dem, was dein Körper spricht,
aus Stolz in diesem Falle nicht,
dann hast du, fühlbar, bald den Lohn
der übergroßen Reflexion.

Der Ellenbogen

Wird einmal mit Bedacht erwogen
der Wert von unserm Ellenbogen,
kommt man zum Schluss: Er ist ein Segen,
weil wir den Arm mit ihm bewegen.

Du, Leser, magst es selbst probieren:
Willst du die Hand zum Munde führen,
musst du den Ellenbogen knicken.
Tust du das nicht, wird's dir nicht glücken.

Das heißt: Zum Essen brauchen wir
den Ellenbogen als Scharnier,
und ließe dieser sich nicht biegen,
wir würden nichts zu essen kriegen.

Nur dann ging's ohne Ellenbogen,
käm alles in den Mund geflogen.
Doch nur im Lande der Schlaraffen
lässt sich die Nahrung so beschaffen.

Nein, wie die Dinge einmal liegen
(und nicht in unsern Mund reinfliegen):
Der Mensch wird überhaupt nur satt,
weil er den Ellenbogen hat.

Drum sei ihm herzlich Dank dafür:
Er ist ein nützliches Scharnier.
Doch grad, wer gerne hilft und nützt,
der ist vor Missbrauch nicht geschützt.

In manches wird der Ellenbogen
ganz ungefragt hineingezogen
und muss uns Menschen dann, den dreisten,
auch noch zum Bösen Dienste leisten,

wenn wir zum Beispiel im Gedrängel
uns nicht benehmen wie die Engel
und unsre Nächsten dort nicht lieben
und einfach grob beiseite schieben.

Als hätte er etwas verbrochen,
wird dabei unser Ellenknochen
zum Bild für rüdes Vorwärtsstreben
in dem gesellschaftlichen Leben.

Jedoch: Was kann er denn dafür?
Er tut ja schließlich nur, was *wir*
ihm jeweils sagen und befehlen.
So liegt die Schuld in unsern Seelen!

Postskriptum: Streikrecht für den Ellenbogen

Zum Schluss sei noch etwas erwogen:
das Streikrecht für den Ellenbogen –
dass er sich einfach nicht bewegt,
wenn sich im Herzen Böses regt.

Sobald er was nicht leiden kann,
stellt er sich unelastisch an,
als wär er steif und ungelenkig,
und das hat Konsequenzen, denk ich:

Wagt er sich derart einzumischen,
dann säßen wir an unsern Tischen
verdutzt und hungrig (siehe oben)
und würden Besserung geloben.

Die Zunge

Zu Sokrates in Griechenland
kam einst ein Mann herbeigerannt
und sprach: „Ich muss dir etwas sagen,
was sich da kürzlich zugetragen:

Du weißt doch, der Herr Soundso,
der hat sich neulich irgendwo …"
„Halt ein", sprach Sokrates der Weise,
„sei bitte erst mal still und leise!

Die Zunge, sonderlich die schnelle,
ist häufig eine trübe Quelle,
und wer sie nicht im Zaume hält,
sät Streit und Hass in dieser Welt.

Gebiete deinem Redetriebe
und stell dir vor: Du hast drei Siebe,
durch die du vorher alles schüttest,
bevor du um Gehör mich bittest.

Die *Wahrheit* ist das erste Sieb.
Halt du die Wahrheit wert und lieb!
Du solltest wirklich lieber schweigen,
als dich zur Unwahrheit versteigen.

Und dieses Sieb sei nun das zweite:
dass dich die *Güte* immer leite.
Und wenn dein Wort nicht gütig ist,
ist's besser, dass du stille bist.

Das dritte Sieb: Ich frag zum Schluss,
ob ich auch wirklich wissen *muss*,
was dir grad auf der Zunge liegt –
wie schwer es also letztlich wiegt.

Ist davon *eines* nicht der Fall,
verschon mich mit dem Redeschwall:
Du solltest dich zusammenreißen
und dir auf deine Zunge beißen."

Als Sokrates dies vorgetragen,
packt unsern Mann ein Unbehagen:
Denn *wahr* und *gut* und auch *notwendig*,
denkt unser Mann bei sich verständig,

ist es – womöglich – eher nicht.
So hält er klugerweise dicht,
geht fort und sagt: „Auf Wiedersehn,
bis bald woanders in Athen!"

Und Sokrates? Da steht er nun
und denkt: „Andauernd so zu tun,
als wäre ich ein weiser Mann,
strengt mich allmählich wirklich an.

Die Neugier zähmen ist doch schwer.
Am liebsten lief ich hinterher
und ließe mir's genau erzählen –
dann würde sie mich nicht mehr quälen.

Doch leider kann ich das nicht machen,
denn ganz Europa würde lachen.
Als Philosoph ist man verpflichtet,
dass man auf Klatsch und Tratsch verzichtet."[3]

Die Nase

Die Nase sitzt uns im Gesicht.
Wir selber sehn sie leider nicht,
selbst wenn wir uns verdrehn und schielen
und mit den Augen auf sie zielen.

Ich sehe doch nur ihre Spitze,
falls ich nicht grad vorm Spiegel sitze.
Sie führt ein dreistes Eigenleben,
benimmt sich, wie sie will, daneben.

So hört man manchmal von ihr sagen,
sie werde reichlich hoch getragen,
und weiter sei auch dies nicht fein:
Man steckt sie in zu vieles rein.

Und klappt es nicht, wie es doch soll,
hat man sie bald gestrichen voll.
Auch muss es ständig nach ihr gehen,
wohin wir uns auch immer drehen.

Ich muss das einfach einmal schreiben
und ihr das unter sie selbst reiben.
Sie möge sich das sagen lassen
und bitte an sich selber fassen.

So ließe sich noch manches schimpfen,
zum Beispiel übers Naserümpfen.
Und doch ist sie kein reiner Schuft;
ich gebe zu: Sie holt uns Luft.

Das Haar

Vom Haar, ob dunkel oder hell,
heißt's oft, es sei ein Rest vom Fell.
Doch schaut sie an, der Haare Pracht:
Vom Fell der Rest? Das wär gelacht!

Das Menschenhaar ist eine Zier
und nichts, was „übrig blieb" vom Tier –
kein kümmerlicher, alter Rest,
nein! Glanz und Glück und Freudenfest!

Und wär das Haar ein Rest vom Tier,
dann kämen wir am Ende hier
zu diesem klugen Schluss und Satze:
Ganz menschlich wär man erst mit Glatze!

Haar-Allüren

Prinz Absalom sah super aus,
ein starker Typ aus Davids Haus.
Ein Traum von Mann und Frauenheld –
so lebt sich's gut auf dieser Welt.

Besonders augenfällig war
auf seinem Kopf das volle Haar.
Doch leider, leider, muss man sagen,
hat er den Kopf zu hoch getragen.

Auf Davids Thron wollt er regieren
(ach, so was nennt man Haar-Allüren)
und machte, was ein Sohn nicht sollte,
gegen den Vater die Revolte.

Doch gründlich ging ihm das daneben –
er flüchtete um Leib und Leben.
Er flüchtete, vorbei der Stolz,
per Esel durch das Unterholz.

Vorbei war's da mit seiner Macht,
als er mit seiner Haare Pracht
sich in den Ästen bös verfing,
der Esel aber … weiterging.

So ging's dem Prinz, dem allerbesten:
Da hing er hilflos in den Ästen,
noch schön und jung an Jahren,
verheddert in den vollen Haaren.

Was sonst der Grund des Stolzes war,
sein schönes, starkes, langes Haar,
wird jetzt zum Bilde seines Falles –
und das sagt leider auch schon alles.

(nach 2. Samuel 14 bis 18)

Wer kennt sich schon im Körper aus …

Wie wenig kennt man sich doch aus
im Innern seines Körperbaus!
Was da so alles vor sich geht,
was man nicht weiß und nicht versteht!

Als Beispiel nehmt das Trommelfell,
wie es beim Hören schwingt, so schnell,
sekündlich oftmals tausendfach,
bei Mozart, Techno, Bach und Krach.

Doch keiner merkt, wenn einer singt,
wie's Trommelfell dann fleißig schwingt.
Zählten wir mit bei diesem Schwingen,
würd's uns nur durcheinander bringen.

Ganz Ähnliches ist hier zu sagen
im Blick auf Lunge, Milz und Magen.
Und wer weiß denn schon ganz exakt,
was vorgeht im Verdauungstrakt?

Doch können wir darauf vertrauen,
dass Darm und Magen was verdauen.
Und was sie tun, das tuen sie,
auch ohne dass wir wissen, wie.

So ist das mit dem Körperbau:
Mein eigner Körper ist so schlau,
dass er die tollsten Dinge macht –
wer hat ihm das bloß beigebracht?

Ganz „von allein"?

Ich muss dem Herzen nicht erst sagen:
„Mein liebes Herz, du sollst jetzt schlagen."
Es schlägt, so scheint es, „von allein" –
wie geht das zu, wie kann das sein?

Ich hab der Lunge nicht befohlen:
„Du sollst mir jetzt den Atem holen."
Ich hab sie wirklich nicht gezwungen,
es ist ihr „von allein" ge-lungen.

Und auch den Nieren und dem Magen
braucht man den Auftrag nicht zu sagen.
Sie wirken ohne unsern Willen,
sogar bei Nacht und ganz im Stillen.

Ist dieses alles wirklich nur
die Automatik der Natur?
Ich will dir sagen, was ich meine:
Ich denk, es geht nichts „von alleine".

Ich glaube, Gott hat mir das Leben
und ebenso den Leib gegeben,
und er, er macht es, dass die Nieren
nun eigenständig funktio-*nieren*.

Er machte unsern Leib so gut,
dass der nun viel „alleine" tut.
Jedoch geht es letzthin zum Scheine
und nicht in Wahrheit „von alleine".

Ich glaube, jeder Augenblick
ist mir von Gott geschenktes Glück.
Er lässt mein Herz auch jetzt noch schlagen.
Dafür will ich ihm „Danke" sagen.

Der Fingerabdruck

So viele Menschen weit und breit,
wo bleibt die Einzigartigkeit?
Wir sind doch nichts als Exemplare
von einer Art von Massenware.

Doch, kleiner Mensch, verzage nicht –
du bist als Mensch ein großes Licht,
auf deine Weise ganz apart,
und das beweist dir – Scotland Yard.

Drehst du nur ein paar krumme Dinger,
dann nimmt es dich und deinen Finger –
und macht dir durch den Abdruck klar:
Du bist doch unverwechselbar.

Ertappt bei einer bösen Tat,
zeigt sich der Mensch als Unikat,
und das beweist ihm einwandfrei
kein andrer als die Polizei.

Der Zeigefinger

Entdecken wir bei Andern Schwächen,
macht es uns Spaß, davon zu sprechen.
Auch ist es manchem dann zu eigen,
mit einem Finger drauf zu zeigen

und gar noch an die Stirn zu tippen.
Mensch, führ ihn lieber an die Lippen;
dann machst du deinen Zeigefinger
grad umgekehrt zum Schweigefinger.

Der Backenzahn

Ein Christ – wie ich – meint, hier auf Erden
soll man durch Leiden reifer werden,
denn: Trifft den Menschen nie ein Leid,
neigt er zur Selbstgefälligkeit.

So meint er es in frommem Wahn.
Da meldet sich der Backenzahn!
Der piekt ihn nun so vehement,
dass er sich selber nicht mehr kennt.

Die äußerst schmerzhafte Attacke
verändert seinen Sinn: Au Backe.
Der Christ wünscht sich – man kann's begreifen –
doch lieber nicht durch Schmerz zu reifen.

Die Fingernägel

Der Mensch muss seinen Körper pflegen,
allein auch schon der andern wegen:
Sein Anblick und Geruch zudem
sind nicht von selber angenehm.

Nein, die Natur von ganz allein
lässt uns nicht schon gefällig sein –
wir sind gezwungen einzugreifen
und uns mal gründlich abzuseifen.

Auch lässt es sich nicht ganz vermeiden,
so manches einfach abzuschneiden
vom eignen Körper, ja, und zwar
die Fingernägel und das Haar.

Die meisten sehen das auch ein –
nur manche lassen's lieber sein
und tun es höchstens mit Gezeter –
ein solcher war der Struwwelpeter.

An ihm sieht jeder das Malheur,
das aus uns wird ohne Friseur,
und außerdem, wohin es führt,
wenn man sich gar nicht manikürt.

Die Nägel wachsen einen Meter:
Wie sieht er aus, der *Struwwelbeter!*
Drum sollen Juden, Moslems, Heiden
und auch die Christen sich beschneiden.

Philosophisches Postskriptum

Wir sehen auf die Fingernägel.
Im Geist von Kant, im Geist von Hegel
lasst uns auf unsern Nägeln kauen,
bis wir die reine Wahrheit schauen.

Im Gegensatze zu Rousseau
lehrt uns der Fingernagel so:
Der Mensch ist mehr als bloß Natur,
er braucht Erziehung und Kultur.

Was heißt denn auf der Welt „natürlich"?
Die Nägel wachsen ungebührlich,
wenn wir uns nicht dagegen wehren
mit Nagelfeilen und mit Scheren.

Durchweg ist die Natur zu loben;
jedoch: Ihr ungehemmtes Toben
bringt Unglück, früher oder später,
man sieht es an Herrn Struwwelpeter.

Dem Menschen ist es nicht gegeben,
nur einfach in den Tag zu leben.
Nein, er muss wirken, sich entscheiden –
und seine Fingernägel schneiden.

Die Frage ist nun durchgekaut.
Wenn ihr auf eure Nägel schaut,
wisst ihr ab jetzt durch diese Lehre
den Hintergrund der Nagelschere.

Die (Ma-)Nieren

Man wirft ein Wort so durch die Luft
dem andern an den Kopf: „Du Schuft!"
Es trifft ins Ziel, genau und schwer,
und der Getroffne grämt sich sehr.

Weil der nicht weiß, wohin er soll
mit seiner Wut und seinem Groll,
bricht er in seiner schlechten Laune
mit einem Dritten Streit vom Zaune.

Der kriegt es nun so richtig ab,
beleidigt wird er, nicht zu knapp –
und nun geht der damit nach Haus,
lässt wieder es an andern aus.

Das harte Wort macht eine Reise,
zieht dabei weiter böse Kreise
und hinterlässt auf seiner Spur
so manche seelische Blessur.

Da mittendrin kommt einer her,
der nimmt es gar nicht weiter schwer.
Er hört es an und hat die Nerven,
es einfach auf den Müll zu werfen.

Er denkt: „Ich will in meinem Leben
das Böse niemals weitergeben.
Viel lieber will ich mich bemühen,
es aus dem Kreislauf rauszuziehen."

Damit hat er genau getan,
was für das Blut auf seiner Bahn
die Niere in dem Leibe tut:
Sie zieht das Gift aus unserm Blut.

Das tut ein Mensch, der Jesus liebt,
das tut ein Mensch, der gern vergibt.
Im Spaß sag ich von ihm, ihn zieren
die besten christlichen Ma-Nieren.[4]

Der Blinddarm

Je länger ich darüber grübel,
nehm ich dem Blinddarm etwas übel:
Ganz anders als sonst Gottes Gaben
scheint er mir keinen Sinn zu haben.

Als Mensch jedoch, wie ich es bin,
braucht man notwendig einen Sinn.
Auf mancherlei kann man verzichten,
auf einen Sinn jedoch mitnichten.

Ein Sinn ist leider nicht zu finden
am Darm, dem sogenannten „blinden".
Forscht man auch noch so lang und gründlich,
er scheint so sinnlos wie entzündlich.

So frage ich nun voller Groll,
was dieses Ding denn letztlich soll –
und damit auch, ob Leibniz' Bild
von unsrer Welt trotzdem noch gilt.

(Nach Leibniz soll doch schließlich gelten,
dies sei die beste aller Welten.
Mir scheint jedoch, Pardon, dagegen,
der Blinddarm dies zu widerlegen.)

Ach, wäre nur der Blinddarm weg,
dann hätte alles einen Zweck,
und gar nichts käm uns in die Quere
bei jener grandiosen Lehre,

dass unser Leib geordnet sei
und nichts an ihm sei einerlei –
ja, jede winzig kleine Zelle
sei haargenau an rechter Stelle.

Da kommt nun dieses kleine Glied
als Ärgernis und Störenfried!
Und schon spricht da der Nihilist:
„Man sieht, dass *alles sinnlos ist*."

Der Blinddarm führt nicht nur zur Sepsis,
er ist auch Anlass für die Skepsis.
Aus diesem Grunde scheint es besser,
er wird entfernt mit einem Messer!

Postskriptum

Ich bitt den Fachmann, er verzeihe
mir, denn ich sprach ja nur als Laie,
das heißt, ein wenig ungeschliffen
im Umgang mit den Fachbegriffen.

Genau genommen ist das Ding,
um das es grade eben ging,
der Wurmfortsatz, der Bösewicht,
dem es, so scheint's, an Sinn gebricht.

Doch wenn auch fachlich wenig rühmlich,
sprach ich hier einfach volkestümlich.
So hoff ich denn, ihr lieben Ärzte,
dass ich es nicht mit euch verscherzte.

Die Rippe

Bei einer Frau wie der Xanthippe
wird mancher Mann sich manchmal fragen:
Warum hab ich mit meiner Rippe
zu so was auch noch beigetragen?

Ersatzteile

Ist man als Mensch teils aufgebraucht,
sodass dann dies und das nichts taugt,
gibt es verschiedene Prothesen
fürs Laufen, Essen, Hören, Lesen.

Wenn unsre Hüften nicht mehr halten,
dann gibt es neue für die alten,
und dieser Fortschritt gilt desgleichen,
wenn unsre Knie einst erweichen.

Durchweg wird man in diesem Leben
dem Original den Vorzug geben.
In manchen Fällen ist hingegen
die Fälschung durchaus überlegen.

Ich spreche von den dritten Zähnen.
Hier ist ein Vorteil zu erwähnen:
Sie sparen uns den Schmerz, den bittern;
man muss nicht mehr vorm Bohrer zittern.

Die Brille

Als Gott die Menschen einst gebaut,
hat er schon weit vorausgeschaut.
Anscheinend wusste er im Stillen:
Die brauchen eines Tages Brillen.

So brachte er die Nase an,
dass man die Brille tragen kann,
und gab den Ohren die Gestalt
für einen festen Brillen-Halt.

Die Möglichkeit ist angelegt,
dass „Homo" eine Brille trägt.
Ja, erst mit ihr sieht mancher aus
wie ein intelligentes Haus.

„Wenn man das zierliche Näschen
von seiner liebsten Braut
durch ein Vergrößerungsgläschen
näher beschaut,
dann zeigen sich haarige Berge,
dass einem graut."
(Joachim Ringelnatz)

Die Nase
(Antwort an Ringelnatz)

Verehrter Meister Ringelnatz,
was macht Ihr da mit Eurem Schatz?
Sitzt Eure Braut auf Eurem Schoß,
ist sie doch auch nicht übergroß!

Na gut, ich weiß, es ist ein Spaß
bezüglich Schönheit, Größe, Maß.
Doch frage ich mich, Herr Poet,
was hinter Eurem Spaße steht.

Soll das die letzte Wahrheit sein:
Die Schönheit sei ein bloßer Schein,
dem keine Wirklichkeit entspricht,
betrachtet man sie recht bei Licht?

Das wär ein *Nase*-weiser Schluss,
verderblich allem Kunstgenuss.
Und meint Ihr das, Herr Ringelnatz,
steh ich zu Euch im Gegensatz.

Gott schuf die Nase nicht allein,
er schuf auch ihren schönen Schein.
Er schuf zugleich mit seinen Gaben
den Anblick, den wir davon haben.

Er hat die Dinge werden lassen
so, dass sie zueinander passen,
und diese Welt dafür gebaut,
dass unser Auge sie erschaut.

Gott schafft nicht einfach nur die Sachen,
er schafft auch, dass sie Freude machen.
Er schafft die Größe, Nähe, Ferne,
die großen und – scheint's – kleinen Sterne.

Gott ist ein weiser, guter Vater,
gab Poren uns und keine Krater.
Wie steht's nun mit dem Mikroskop?
Auch dafür sei Gott Dank und Lob;

doch bitt ich Euch, Herr Ringelnatz,
gebraucht es nur am rechten Platz.
Ich frage Euch, ob wir beim Küssen
denn unbedingt vergrößern müssen?

West-östliche Diven

Ihr wisst, dass man im Morgenland
den Schleier für die Frau erfand.
Bei uns geht „Frau" um vieles freier
und wahrlich nicht nur ohne Schleier.

Im Westen sind wir reichlich offen
und ziemlich sparsam mit den Stoffen.
„Mann" sieht, wohin „Mann" blickt und schaut,
viel reizend schöne Frauenhaut.

Bei manchem Einblick, mancher Sicht
komm ich rasch aus dem Gleichgewicht.
Ein Schleier hätte doch wohl Sinn
für einen Mann, wie ich es bin.

Was sind das für Alternativen
bei unsern Frauen, unsern Diven:
Das Kopftuch scheint mir übertrieben,
doch nabelfrei erst recht, ihr Lieben!

Männliche Ansprüche

Ich will ein Weib für alle Fälle!
Es sei so schlank wie die Gazelle;
doch auch mit Kurven, vollen, runden,
ihr wisst schon, für gewisse Stunden.

Ich will ein Weib, nicht klug, gelehrt,
ein Weib jedoch, das auf mich hört.
Sie sei jedoch, ich bitte drum,
auch wieder nicht erkennbar dumm.

Ich will ein Weib für alle Fälle:
Es habe Augen, blaue, helle –
jedoch zugleich auch braun und warm,
mit gleichsam wienerischem Charme.

Ich will ein Weib, ganz unberührt,
ein Weib jedoch, das mich verführt.
Geliebte sei sie mir nicht minder
als auch die Mutter meiner Kinder.

Ich will ein Weib für alle Fälle:
die Frau für elegante Bälle
und doch auch kraftvoll rustikal.
Das wäre für mich ideal.

Sie soll nicht modisch überfein
mit affektierter Neigung sein.
Indes – ein wenig vom Aparten
will ich denn doch von ihr erwarten.

Ich will ein Weib für alle Fälle:
mit schön gepflegter Dauerwelle;
doch sei das Haar auch kess zerzaust,
wie wenn der Wind durch dieses braust.

Ich will ein Weib für Stunden zart,
doch in der Hausarbeit auch hart –
ein Weib, das anderen gefällt,
doch letztlich nur von mir was hält.

Warum ich das verlangen kann?
Das ist doch klar … ich bin ein Mann!

III. Von Essen und Trinken

Gewichtige Fragen

Wie schnell nimmt man ein Pfündlein zu
bei reicher Kost und guter Ruh –
an einem Tage ist's geschehn
und uns danach gleich anzusehn.

Worüber wir uns noch mehr grämen:
Dasselbe wieder abzunehmen
schafft man trotz allergrößter Müh
nur langsam oder sogar nie.

Geistliche Nutzanwendung

Das Laster ist ein Kinderspiel,
die Tugend kommt nur schwer ans Ziel.

Essensberge

Wenn man bedenkt, was man so isst,
und das zusammenlegt und misst,
kommt man im ganzen Leben rund
auf etwa hunderttausend Pfund.

Vor diesem riesengroßen Berg
sind wir ein winzig kleiner Zwerg.
Doch ohne uns zu überschätzen:
Das ist ein Berg, den *wir* versetzen.

Verwandlungsgenie

Der Leib – beim Menschen wie beim Vieh –
ist ein Verwandelungsgenie,
und das versteht er meisterlich:
Er macht aus allen Sachen – sich!

Aus Brot, Tomaten, Kohl und Reis,
aus Milch und Schokoladeneis,
aus Brokkoli und Bienenstich
macht er stets unermüdlich – sich!

Wenn wir noch weiter überlegen,
sind's Erde, Sonnenschein und Regen,
mit denen unser Leib so handelt
und die er zu sich selbst verwandelt,

und die Verwandlungskunst geht fort
bis hin zum Geiste und zum Wort:
Die Verse hier, die ich grad schreibe,
sind mitgewirkt von meinem Leibe.

Der Leib schafft (und weiß selbst nicht, wie)
gar aus Kartoffeln: Poesie.

Knoblauch

Die Welt ist wirklich große Klasse!
Nur eines gibt es, was ich hasse
und was mich auf die Palme bringt –
und das ist das, *dass Knoblauch stinkt.*

Ich ess ihn einfach schrecklich gern –
doch selbst die Freunde bleiben fern,

die Leute gehen auf Distanz,
und mancher meidet mich nun ganz.

Ich komme durch die Knoblauch-Knolle
in eine Außenseiter-Rolle,
als hätte ich etwas verbrochen –
dabei hat man mich nur gerochen.

Ach, stünde es mir einmal frei,
was auf der Welt zu bessern sei
und was ich wünschte, was mich freute –
ich wüsste es, ihr lieben Leute.

Ich würde einen Knoblauch züchten,
vor dem die Menschen nicht mehr flüchten.
Das wär das schönste der Geschenke:
die Knoblauch-Knolle, die nicht stänke!

Das Jüngste Gewicht

Schon morgens früh, dann spät am Tage
steht mancher ernst auf seiner Waage,
die klar und unerbittlich zeigt,
ob er das Lebensziel erreicht.

In seinem Kopfe die Gedanken
gehn ums Gewicht und dessen Schwanken,
und Platz ist da für eines nur:
die Hoffnung auf die Traumfigur.

Wem nichts so sehr am Herzen liegt
wie, dass er möglichst wenig wiegt,
der wird auf seiner Lebensreise
auch klug, und zwar gleich kilo-weise:

Er weiß von Joghurt und Salaten
und allerlei Bewegungstaten
und zählt mit größter Akribie
auch jede kleinste Kalorie.

Gewiss hebt es das Wohlbefinden,
wenn allzu plumpe Pfunde schwinden,
und so verachte man denn nicht
die stille Sorge ums Gewicht.

Doch: Ist dein höchstes Lebensziel
das leichtgewichtige Gefühl,
wirst du vielleicht mit deinen Pfunden
am Ende als zu leicht befunden.

Hunger

Das Essen macht fast immer Spaß.
Selbst wenn man grade etwas aß,
vergeht doch kaum ein halber Tag,
bis man schon wieder futtern mag.

Wie oft hat man gesagt: „Ich bin
jetzt satt und voll bis obenhin" –
und hat sich bald danach erneut
aufs nächste Festessen gefreut.

Das sollte uns zu denken geben
im Blick auf unser Seelenleben,
denn nach Gebet und Gottes Wort
verlangen wir nicht immerfort.

Gott gebe, dass wir Hunger haben,
nicht nur nach seinen Schöpfungsgaben,

nein, Hunger nach dem Worte auch,
nicht nur nach Futter für den Bauch.

Der sechste Sinn

Ein Mann, ein Typ aus unsrer Zeit,
dynamisch, eilig, sprungbereit,
ist heute – ungewohnt – nicht fit,
er heißt, des Reimes wegen: Schmidt.

Wer kennt das nicht: Man kann nicht mehr
und jeder Handschlag fällt soo schwer.
Man ist erschöpft, kaputt, zerschlagen,
„k.o." kann man auf Englisch sagen.

„Nanu, das wäre doch zum Lachen!
Da kann man sicher etwas *machen"*,
denkt der moderne Mensch, Herr Schmidt,
und „macht" Diverses, Schritt für Schritt:

Zunächst probiert er es mit Tee,
ob es ihm damit besser geh.
Da der nicht hilft, denkt er: „Dann schaffe
ich es mit einem Becher Kaffee.

Danach werd ich noch eine rauchen,
dann bin ich wieder zu gebrauchen."
Er steckt sich eine an, er pafft –
und das nimmt ihm den Rest der Kraft.

„Was hilft denn noch", fragt er, „ach, was?"
Er holt den Schnaps, füllt sich ein Glas.
Kein Glück bei diesem vierten Streich,
der fünfte folgt danach sogleich:

Von der Chemie gibt's ein Produkt,
das er zuweilen einmal schluckt.
Beim Apotheker kann man's kriegen,
für alle Fälle hat er's liegen.

Dass das nicht hilft, erschüttert ihn,
das ist doch schließlich Medizin!
Wenn die nicht anschlägt, geht's zu Ende!
Jedoch kommt nun zum Glück die Wende:

Er hört, ei, ei, oh welches Schnurren,
den Magen, ja, den Magen knurren.
Er horcht genau in sich hinein,
und plötzlich fällt es ihm auch ein:

„Ich habe es total vergessen,
seit langem schon, etwas zu essen!"
Ja, die Idee ist genial,
die Rettung aus dem Jammertal.

So langt er denn mit sechstem Sinn
zum Schinkenbrot mit Gurken hin.
Er merkt: „Ich habe Appetit!"
Ein Wunder ist's, was hier geschieht:

Wo Kaffee, Tee und Nikotin
und Alkohol und Medizin
dem Manne nicht geholfen haben,
da tun's die schlichten Schöpfungsgaben.

Er langt noch einmal kräftig zu,
dann gönnt er sich ein Weilchen Ruh.
Nachdem er dieses beides tat,
ist Schmidt nun wieder ganz auf Draht.

Über die Stränge

Der Mensch braucht auf dem Lebensgang
bisweilen auch heilsamen Zwang
und schlüge ohne solche Zwänge
wohl häufig über alle Stränge.

Ging's, dass wir ungestraft genießen,
dann ließen wir Champagner fließen;
wir säßen ständig an der Bar,
dazu gäb's Lachs und Kaviar.

Wir äßen Bonbons und Pralinen
und feierten mit den Blondinen –
wir höben fleißig Glas um Glas.
Ach ja, ach ja, das wäre was!

Wir würden uns in unserm Leben
wohl von der Tafel kaum erheben.
Was spräche wohl auch sonst dagegen –
es sei denn, der Gesundheit wegen?

Die Folgen sind es, die mich hemmen,
ich würde sonst andauernd schlemmen.
Doch leider (oder: Gott sei Dank?)
wird man vom Lotterleben krank.

Ja, blieben wir dabei gesund,
dann ginge es auf Erden rund.
Die Folgen halten uns zurück –
vermutlich wohl zu unserm Glück.

Trinken

Die Lust an Weinen und am Bier
erhebt den Menschen übers Tier.
Hat er jedoch zu viel getrunken,
sehn wir ihn unters Tier gesunken.

Niko-teen-ager

Wer schon mit dreizehn Jahren raucht
und wichtig sagt, dass er das „braucht",
der wird uns nicht verwehren können,
ihn „Niko-teen-ager" zu nennen.

Vitamine

Der Mensch will möglichst lange leben,
so ist das hier auf Erden eben.
So geht es mir, so geht es dir –
wir können alle nichts dafür.

Dass sie dem langen Leben dienen,
sagt man sehr oft von Vitaminen,
und dass es dem, o wehe, wehe,
dem solche mangeln, schlecht ergehe.

Gedächtnis, Haarwuchs, Kinderkriegen –
an Vitaminen soll es liegen.
Ja, selbst die Traurigkeit der Seelen,
sagt man, liegt daran, dass sie fehlen.

So braucht man jede Menge C,
B eins, B sechs, B zwölf und D,
dann außerdem noch E und K,
für Haut und Haare A und H.

Ob das auch wirklich alle sind,
fragt sich besorgt das Menschenkind.
Vielleicht gibt's noch XY –
wir wissen nur noch nichts davon.

Womöglich ist, denkt man erschreckt,
was ich grad brauche, nicht entdeckt!
Und die, die ich hier kauf im Laden:
Wer weiß denn, ob die mir nicht schaden?

Schlussendlich machen die Gedanken
den einst Gesunden noch zum Kranken.
So wünscht man selbst von Vitaminen,
man wüsste gar nicht erst von ihnen.

IV. Variationen über das Eisessen

Vanille oder Nuss

Der Hans darf heut zum Eismann laufen
und sich dort *eine* Kugel kaufen.
Die Frage, die er lösen muss,
heißt nur: Vanille oder Nuss?

Die Frage, die ist wirklich schwer,
denn *eine* gibt es, keine mehr.
Nein, Hänschen ist nicht zu beneiden.
Er muss sich nämlich gleich entscheiden.

Er fragt sich selbst: „Was ist mein Wille?
Nehm ich nun Nuss, nehm ich Vanille?"
Er überlegt es hin und her
und weiß es schließlich selbst nicht mehr.

Doch gleich wird ihn der Eismann fragen.
Dann muss er es ihm endlich sagen.
So kommt er bei sich zum Beschluss:
„Ich nehme heute einmal Nuss!"

Der Eismann fragt: „Was soll es sein?"
Hans stottert: „Nuss", und dann: „Ach nein!",
denkt an Vanille – oh wie schade! –
und schließlich sagt er: „Schokolade!"

Drei aus Neunundvierzig
(Vanille oder Nuss in einer modernen Eisdiele)

So manches ist heut ganz und gar
ganz anders, als es früher war –
und das gilt auch für das Geschlecke
bei unserm Eismann um die Ecke.
Die Kugel ist noch immer rund,
jedoch die Auswahl ist so bunt.
An Sorten gibt es nämlich viele
in einer neuzeitlichen Diele.
So heißt nun eins von den Problemen:
„Was soll ich von dem Vielen nehmen?"
Da steht der Timmy an dem Stand,
sieht Schoko, Mokka und Krokant,
Vanille, Joghurt, Wiener Sahne,
Zitrone, Apfel und Banane.
Er freut sich auf die Leckerei,
doch welche nimmt er, welche drei?
(Denn Tim ist ein modernes Kind,
dem drei, nicht eins, gestattet sind.)
Ach, die Entscheidung fällt ihm schwer
bei Erd- und Him- und Heidelbeer;
und schwierig ist auch der Entschluss
bei Hasel-, Wal- und Kokosnuss.
Er freut sich, ist zugleich verstimmt,
denn was er immer jetzt auch *nimmt* –
er muss sich auch etwas *verkneifen*.
Er lässt den Blick noch einmal schweifen,
entschuldigt sich bei Heidelbeer
(der Abschied fällt ihm ziemlich schwer)
und sagt, weil er was sagen muss:
„Vanille! Erdbeer! Haselnuss!"

Ein jedes „Für" hat auch ein „Gegen"

Wir nehmen hier als Fall der Fälle:
Beim Eismann kaufe ich drei Bälle.
Genüsslich sage ich mein „Ja"
zu Pfirsich, Kirsche, Malaga.
Der Haken ist nur leider der:
Ich hätte auch gern Preiselbeer.
Das ist nun leider nicht dabei
(denn heute darf ich ja nur drei).
Es ist doch irgendwie zum Weinen,
dass wir mit „Ja" zugleich verneinen.
So manches Eis – ich bin betrübt,
obwohl von mir sonst eisgeliebt –
bleibt heute leider ungenossen
und vom Gelecke ausgeschlossen.
In jedem „Für" (wie ungelegen!)
steckt nämlich leider auch ein „Gegen".
Ach, sage ich erfreut mein „Ja"
zu meinem Liebling Malaga,
ist das Problem ganz einfach das:
Ich sage „Nein" zu Ananas.
Das ist die Not, ein Mensch zu sein:
In jedem „Ja" steckt auch ein „Nein" –
wie bei „Vanille oder Nuss" –
bis hin sogar zum Eheschluss.

Alles

„Zwar weiß ich viel, doch möcht ich alles wissen."
(Famulus Wagner in Goethes Faust)

Ich möchte gerne *alles* haben,
an allem möchte ich mich laben!
Ich möcht in alle Ländern reisen
und gerne kosten alle Speisen.
Auch geht's mir wie dem Famulus,
dass ich schier alles wissen muss.
Ich möchte alle Sprachen sprechen,
bei jedem Weine einmal zechen
und spreche auch in solchen Worten
im Blick aufs Eis und seine Sorten:
Ich würde gern an allen lecken
und wissen, wie die Sorten schmecken.
Ja, *alles* ist des Menschen Ziel –
doch *alles, alles* ist zu viel.
Nein, *alles* wird er nie erfahren,
auch nicht im Lauf von hundert Jahren.
Und sicher spricht noch mancher Greis
im Hinblick auf so manches Eis,
das auf der Erde existiert:
„Das hab ich ja noch nie probiert."
Vermutlich kann man ewig schlecken
und würde doch nie *alles* schmecken.

Vier aus Neunundvierzig
Oder:
O dass ich tausend Zungen hätte

Ein jeder, der sich auskennt, weiß:
Es gibt heut viele Sorten Eis.
Lasst uns die Sortenanzahl mal schätzen
und sie auf „49" setzen!
Das sei hier unsre Ausgangslage
für unsre eisgekühlte Frage:
Wie oft habt ihr bei dieser Zahl
die Möglichkeit verschiedner Wahl?
Und zwar im folgenden der Fälle:
an jedem Tag einmal *vier* Bälle.
Wie zahlreich sind die Möglichkeiten,
verschiedne Becher zu bereiten?
Nun, rechnet man exakt es aus,
kommt gut zweihunderttausend raus.
Das heißt, wir können mit den vieren
sechshundert Jahre kombinieren
und jeden Tag was Neues mischen,
um immer andres aufzutischen.[5]
Hätt man begonnen mit der Schleckung
bei der Amerika-Entdeckung,
vier Kugeln täglich stets genossen –
der Vorgang wär nicht abgeschlossen.
Ja, seit Kolumbus, liebe Leute,
bis hin zu uns, bis hin zu heute,
da hätt man können fleißig schlecken
und neuen Eis-Geschmack entdecken –
und wäre heut noch nicht am Ziele
mit Neunundvierzig aus der Diele.
Man könnte es noch weiter treiben
und noch Jahrzehnte dabei bleiben,

man könnte weiter kombinieren,
noch ein Jahrhundert ausprobieren,
bis man die ganze Eispalette
gemischt und ausgekostet hätte.
Daraus ist doch wohl dies zu schließen:
Der Mensch mag noch so viel genießen,
man merkt am Beispiel dieses Falles:
Er kostet niemals, niemals alles.
Ja, hätte er auch tausend Zungen,
er müsste dennoch notgedrungen
auch immer irgendetwas lassen –
er wird im Leben was verpassen!
Wir führten hiermit den Beweis
alleine schon am Beispiel Eis.

Geistliches Schlusswort

Ach, Menschenkind, so sieh es ein
und lass die Jagd nach *allem* sein.
Denn *alles*, *alles* kriegst du nicht.
Drum lerne freudig den Verzicht.
Nur trau darauf in deinem Leben:
„Es muss doch *mehr* als *alles* geben."

V. Gottes Ebenbild

Aufrechter Gang

Der Mensch geht grad und aufgerichtet.
Das ist wie Adel, der verpflichtet.
In der Gestalt liegt schon ein Sinn:
Sie zeigt direkt zum Himmel hin.

Die Hand

Schau deine Hand in Ruhe an,
die gut und fleißig *hand*-eln kann;
es spielt, ganz anders als das Tier,
der Mensch mit seiner Hand Klavier.

Du fädelst – anders als das Schwein –
damit den feinsten Faden ein
und klatschst – das kann kein Elefant –
mit einer in die andre Hand.

Nur spaßhaft, in Humor und Posse,
bezeichnet man die Hand als Flosse,
und heiter sprechen wir von Pranken –
doch wissen wir, was wir ihr danken:

Wir können eine Gabel halten,
wir können unsre Hände falten,
wir können Liebesbriefe schreiben
und all und jedes *Hand*-Werk treiben.

Die *Hand*-lung hier ist nun zu Ende,
wo wir be-*hand*-elten die Hände.
Wir haben allerlei genannt,
in summa: Das ist aller-*hand*.

Der Hals

Ein seltenes Stück

Soll unser Haupt nicht ganz allein,
vielmehr mit uns verbunden sein,
so brauchen wir doch jedenfalls
ganz unvermeidlich einen Hals.

Wer hier nun sagt: „Dass ich nicht lache,
das ist doch eine klare Sache!",
der merke wohl beim Überblick:
Der Hals ist doch ein rares Stück.

Denn Nashorn, Krokodil und Maus,
auch Schnecken, mit und ohne Haus,
das Nilpferd, das dahergeschwommen,
sind bisher halslos ausgekommen.

Die Fische allesamt im Meer,
die kommen ohne Hals daher.
Und schließlich auch das liebe Schwein –
hat's einen Hals? Ich meine: Nein!

Zum Haupt erhoben

Es hat kein Lebewesen als
der Mensch nur einen rechten Hals,
und es hat sicher was zu sagen,
dass nur die Menschen Hälse tragen.

Der Kopf wird durch den Hals erhoben
und ist nunmehr als *Haupt* zu loben,
als welches er den Leib regiert
und über ihn den Vorsitz führt.

Beim Menschen nur spricht man vom „Haupt",
beim Tier wär das zu hoch geschraubt.
Denkt an das Schwein und an die Kuh:
Mit Recht sagt man nicht „Haupt" dazu.

Allein die Menschen sind's, die wagen,
den Kopf als Haupt ganz hoch zu tragen –
trotz manchem Fehl und manchem Tadel
sind sie doch von besondrem Adel.

Postskriptum

Natürlich machen die Giraffen
mir als dem Autor hier zu schaffen,
und auch der Schwan tanzt aus der Reihe,
was ich den beiden kaum verzeihe.

Obwohl die aus der Reihe tanzen,
stimmt's doch im Großen und im Ganzen.
Wer hier *hals*-starrig widerspricht,
mit dem versteh ich mich halt nicht.[6]

Besser als ein Fisch im Wasser

Ein jeder Fisch mit seinen Flossen
schwimmt so wie seine Artgenossen.
Er schwimmt im Wasser, schwimmt im Fluss,
schwimmt so, wie er halt schwimmen muss.

Er kann, so ist es bei den Tieren,
den eignen Stil nicht variieren.
Zwar schwimmt der Fisch, das Flossentier,
viel besser als der Mensch, als wir;

doch ist er völlig festgelegt,
wie er sich schwimmend fortbewegt.
Der Mensch hingegen kennt sehr viele
verschiedene Bewegungsstile:

Mit Kraulen, Brust und Butterfly,
Delphin und was es sonst noch sei
kennt er, obwohl an Land zu Haus,
sich auch im Wasser bestens aus.

Gewiss scheint es mir wohl zu stimmen,
dass Fische wirklich bestens schwimmen,
doch sind sie dabei von Natur
in ihrer Stilart etwas stur.

Der Mensch als Schwimmer kann dagegen
sich auf verschiedne Art bewegen.
In diesem Sinne ist er besser
sogar als Fische im Gewässer.

VI. Leib und Seele

Gespräch mit meinem Körper
(„Ich" spreche zu „meinem Körper")

Ob wir uns mögen oder nicht –
wir leben immer dicht an dicht,
schon manches liebe lange Jahr,
seit meine Mutter dich gebar.

War einer von uns eher da?
Und wenn denn einst der Abschied nah,
wird einer von uns länger sein –
und bleibt der andre dann allein?

Dem Ursprung lasst uns hier nachsinnen:
Du weißt, einst bei der Mutter drinnen,
gab's dich, den Körper, *nicht da schon,*
bevor ich wurde als Person?

Als ich von mir noch nichts gewusst,
lagst du, mein Leib, an Mutters Brust.
Allmählich wurde ich in dir
und fand durch dich, den Leib, zu mir.

Wir wuchsen dann gemeinsam auf
so Jahr für Jahr im Lebenslauf.
Dann kam die Jugend, die war kraus,
da warst du mir ein Stück voraus.

Als Kind war ich ein Teil von dir,
doch nun bist du ein Teil von mir.
Als Kind warst du mein bester Freund,
das Alter macht dich mir zum Feind.

Und wird ein Mensch einmal, wer weiß,
mit Gottes Hilfe gar ein Greis,
dann hinkst du manchmal hinterher
und machst der Seel den Heimgang schwer.

Senkt man dich einst ins kühle Grab –
wo bleibe ich dann selber ab?
Ob ich dann, außerhalb vom Leibe,
als Geist durch diese Gegend treibe?

Ach nein, das wäre doch ein Graus.
Ich glaub, ich komm ins Vaterhaus,
mit einem neuen Leib bekleidet,
der ohne Fehl ist und nicht leidet.

Köpfchen, Köpfchen

Schaltstelle

Der Kopf ist jene Körperstelle,
die jeder Mensch zum Schalten braucht –
nicht nur der Intellektuelle,
bei dem er oft besonders raucht.

Es gilt schlechthin für jedermann,
für Schüler und für Geistesriesen:
Auf unsern Kopf, da kommt es an,
wir sind schlicht auf ihn angewiesen.

Der Kopf ist oben angebracht,
und das hat wirklich einen Sinn.
Bedenkt man, was er alles macht,
gehört er da auch wirklich hin.

Brett vor dem Kopf

Der Kopf ist wahrlich hoch zu ehren,
weil sehr viel Kluges in ihm steckt –
er kann die halbe Welt erklären,
der Kopf ist wirklich aufgeweckt.

Doch wo es um ihn selber geht,
da hat der Kopf kein Köpfchen mehr.
Sag, Kopf, mir, wie's ums Denken steht:
Wo kommen die Gedanken her?

Wie kann der Menschengeist entspringen
in deinen vielen grauen Zellen?
Die Antwort wird uns kaum gelingen,
jedoch die Frage muss man stellen.

Der zerbrochene Kopf

Von Gott ist unser Kopf gemacht
und von ihm wunderbar bereitet.
Ob Gott wohl allbarmherzig lacht,
wenn dieser Kopf ihn selbst *bestreitet?*

Und was denkt Gott grad umgekehrt,
wenn so ein Menschenkopf sich müht
und *theologisch hochgelehrt*
die allerklügsten Schlüsse zieht?

Der Kopf ist uns von Gott geschenkt.
Er selbst geb unserm Denken Licht:
damit auch der, der gründlich denkt,
sich nicht den Kopf dabei zerbricht.

Sichtbar und unsichtbar

So mancher Mensch, nicht nur der Schuft,
wünscht manchmal sich, er wäre Luft.
Doch der, der uns ins Leben rief,
schuf unsern Körper sehr massiv.

Man sei nun hässlich oder schön,
man ist auf jeden Fall zu sehn.
Wir schaffen viele kluge Sachen,
doch nicht: uns unsichtbar zu machen!

Nun schlag ich vor, sich auszumalen,
man ginge mit Durchleuchtungsstrahlen
im Leibe auf Erkundungsreise –
was sähe man auf diese Weise?

Die Seele, Denken und Empfinden
sind augenscheinlich nicht zu finden.
Wir können viele kluge Sachen,
doch dieses nicht: uns sichtbar machen!

So sind wohl manche Sachen

Im Herzen regt sich das Gefühl,
das Hirn treibt das Gedankenspiel.
Doch wenn wir Herz und Hirn sezieren,
ist nichts von alldem aufzuspüren.

Wenn wir auch noch so gründlich schauen
in unsre Zellen, unsre grauen,
und sehn, wie sich die Bahnen winden –
Gedanken sind dort nicht zu finden.

Auch das Gewissen, mag's gar drücken,
lässt sich von uns doch nicht erblicken.
Wir ziehen deshalb hier den Schluss
wie einst Matthias Claudius:

„So sind wohl manche Sachen,
die wir getrost belachen,
weil unsre Augen sie nicht sehn."
Das können wir nun so verstehn:

Wir selbst sind selber solche *Sachen*.
Wenn wir, was wir nicht sehn, belachen,
kommt dabei schließlich dies heraus:
Dann lachen wir uns selber aus!

Der Mensch, zwar nicht mit Haut und Haar,
doch *als Person*, ist *unsichtbar*.
Gäb's nur das, was man sieht bei Licht,
dann gäb es uns als Menschen nicht.

Über das Verhältnis von Körper und Seele

Einleitung

Die Seele ist, was weint, was lacht
und was sich selbst Gedanken macht,
was Freude fühlt und manches Leid
und Liebe kennt und auch den Neid.

Doch keiner hat bisher entdeckt,
wo sie denn letzten Endes steckt.
Wo ist sie in dem Körper drin?
Wo geht sie nach dem Tode hin?

Wo kam sie einst am Anfang her?
Und wie viel Gramm ist sie wohl schwer?
Ob sie am Ende gar nichts wiegt
und man sie nie zu fassen kriegt?

Sie gleicht gar keinem Gegenstand.
Was ist uns denn von ihr bekannt?
Es gibt da recht verschiedne Lehren.
Wir wollen welche davon hören:

Was der Materialist denkt

Es hat sich alles *so* ergeben,
zuerst der Stoff und dann das Leben.
Das Denken, Wollen, Handeln, Fühlen
ergibt sich aus den Molekülen.

Die Kunst in Griechenland und Rom
kommt zweifelsfrei aus dem Atom.
Materie führt rein aus sich
organisiert zu unserm Ich.

Mit der Physik und der Chemie
begreift man Pflanzen und das Vieh,
und weiter geht's auf diesen Bahnen
zu unserm Geiste, dem humanen.

Vergleichbar wie ein Faden glüht,
wenn etwas Strom durch diesen zieht,
so kann man menschliches Empfinden
aus dem Naturgesetz begründen.

Das Ich, so ist das vorzustellen,
entsteht in unsern Körperzellen,
und wenn der Körper dann verschwindet,
hört auch das Ich auf, das empfindet.

Was der Idealist denkt

Hier schüttelt Platon nun sein Haupt:
„Ach wehe dem, der solches glaubt.
Das Ich geht aus dem Stoff hervor?
Wer so denkt, ist ein Narr und Tor!

Die Seele und das Innenleben
hat's lang schon vor dem Leib gegeben.
Nein, nicht der Leib, ich bitte sehr,
die Seele, Freund, die ist primär!

Die Seele war vor dieser Zeit
bei Gott schon in der Ewigkeit.
Sie stammt niemals vom Körper ab –
der Körper ist für sie ein Grab.

Die Seele ist im Leib gefangen
und wird erst ganz zu sich gelangen,
wenn sie ihn mit dem Tod verlässt.
Der Tod gleicht deshalb einem Fest."

Was der Agnostiker denkt

Zwar ist der Mensch stets wissbegierig,
doch sind die Dinge durchweg schwierig,
und grade auch, was dies angeht:
wie es mit Leib und Seele steht.

In unsern Leib, da kann man kneifen,
jedoch: Wer kann die Seele greifen?
Da man sie nun nicht räumlich spürt,
fragt es sich, ob sie existiert.

Gewiss, es spricht etwas dafür,
beim Menschen und sogar beim Tier –
doch andrerseits spricht was dagegen,
das gilt es also abzuwägen.

Ich denke, dass wir sagen müssen:
Auf Erden kann man gar nichts wissen.
Erwägt die Sache hin und her,
sie ist für uns hier viel zu schwer.

So sei die Antwort denn verschoben
von hier bis einst zum Jenseits droben.
Dann werden wir es dort erfahren,
so spätestens in hundert Jahren.

(Wenn wir nun keine Seele haben,
dann bleiben wir leider begraben.
So wär die Antwort zwar gegeben –
wir würden sie bloß nicht erleben.)

Das ist bezüglich dieser Frage
des Menschen kümmerliche Lage.
Wir dürfen und wir können hoffen –
doch ob zu Recht, das ist noch offen.

Christliche Anmerkungen

Ich denke schon, ich bin als Christ
doch irgendwie ein Idealist.
Was Platon von der Seele schrieb,
das klingt mir recht und ist mir lieb.

Zwar ist gewiss das Leibesleben
mir auch von Gott dem Herrn gegeben,
und Essen, Trinken, Lust und Liebe
sind für mich nicht bloß niedre Triebe.

Doch ist der Mensch ganz prinzipiell
im Wesen *mehr* als materiell.
Das hat sehr früh in Griechenland
der Philosoph für uns erkannt.

Es kann sich unser Innenleben
nicht einfach aus dem Stoff ergeben.
Das möchte ich genau so sehn
wie einst schon Platon in Athen.

So sagt doch Platon ungefähr:
„Von Gott kommt unsre Seele her,
der Mensch ist mehr als bloßes Vieh."
Ich höre das mit Sympathie.

Ich stimme darin Platon zu:
Die Seele – das bin ich, bist du –
löst sich nach diesem Lebenslauf
nicht in ein bloßes Garnichts auf.

VII. Unsere Grenzen

Die Gelenke

Auf dieser Welt ist manches schäbig,
vor allem dies: Es hält nichts ewig.
Suchst du ein Beispiel, ach, dann denke
an unsre menschlichen Gelenke.

In unsrer Jugend drehn und biegen
wir die Gelenke mit Vergnügen.
Wir küssen unsre großen Zehen
im Sitzen und sogar im Stehen.

Dann kommt das Alter: Man wird reifer.
Vor allem aber wird man steifer.
Wär es nur das, man könnt's ertragen;
doch kommt dazu ein Heer von Plagen:

An Schulter, Hüfte, Wirbel, Knie,
da zwickt und zwackt es, aber wie!
Erst wird es schlimm, dann wird es schlimmer
und dann sitzt man im Wartezimmer,

wird Dauergast beim Orthopäden.
Der kennt sich aus mit solchen Schäden.
Er gibt sich allergrößte Mühe
für Fuß und Hüfte, Schulter, Knie.

Doch was er dann letztendlich weiß,
ist meist das eine Wort: „Verschleiß!"
Das ist seit je der Lauf der Welt:
Es gibt hier nichts, was ewig hält.

Rekord-Devise

Das Streben nach dem Maximum
treibt heut die ganze Menschheit um.
Ein Tier schert sich nicht um Rekorde,
das tun nur wir, die Menschenhorde.

Wir steigern unsre Spitzenweiten,
die Spitzenhöhen, Spitzenzeiten,
wobei wir gradezu besessen
in Hundertstelsekunden messen.

Doch immer schneller geht es nicht,
das Ende ist bereits in Sicht.
Nur weiß man noch nicht ganz präzise
die Grenze der Rekord-Devise.

Wird's einem Menschen je gelingen,
neun Meter fünfzig weit zu springen?
Schafft er, und sei's mit Rückenwind,
neun sechs im Hundertmetersprint?

Ich meine fast, das schafft er nie –
er schafft es höchstens mit Chemie,
mit neuen Genen sozusagen,
die ihn in lichte Höhen tragen.

Doch wär's kein Mensch, wie wir ihn kennen.
Man müsste ihn wohl anders nennen,
den Zielpunkt der Rekord-Devise:
Wie wär's mit der Bezeichnung „Riese"?

Reflexion über den Klimmzug

Wenn ich bequem im Bette liege,
dann spür ich kaum, dass ich was wiege.
Im Liegen merke ich ja nicht
mein körpereigenes Gewicht.

Jedoch wenn ich mich dann erhebe
und in die Senkrechte begebe,
dann ahne ich mit einem Schlage,
wie schwer ich drücke auf die Waage.

Indes, es wird noch ungleich schlimmer,
müh ich mich ab am Reck als Klimmer.
Beim Klimmzug merke ich es sehr:
Ich bin als Mensch doch ziemlich schwer.

Ich bin nicht bloß aus Luft und Licht,
ich habe vielmehr ein Gewicht.
Da häng ich nun, ich armer Tor –
und komme leider nicht empor.

Hochsprung

Symbolisch ist des Hochsprungs Zweck:
Der Mensch will von der Erde weg!
Er will die Schwerkraft überwinden
und fliegend die Erfüllung finden.

Jedoch die Schwerkraft ist zu schwer:
Denn auch die Besten, die bisher
mehr als zwei Meter überquert,
sind alle wieder umgekehrt.

Handlinien

In unsre Hände, meine Lieben,
ist links und rechts ein „M" geschrieben,
wobei wir gerne daran denken,
ein Gläschen Sekt uns einzuschenken.

Doch andrerseits, nach alter Kunde,
bedeutet es „die letzte Stunde":
„Memento Mori" ist Latein:
„O Mensch, bedenk dein Sterblichsein."

Dein Leben geht einmal zu Ende,
sagt dir der Blick in deine Hände,
und klug ist der, der daran denkt:
Die Zeit ist mir von Gott geschenkt.

Alle sieben Jahre

Man sagt, nach Jahren (jeweils sieben)
sei fast kein Rest von uns geblieben.
Dann hat der Leib an allen Stellen
ganz neue, unverbrauchte Zellen.

Die alten Zellen stieß er ab,
die sind schon tot, sind schon im Grab –
sodass ich in gewissem Sinn
im siebten Jahr ein Neuer bin.

Dies siebte Jahr ist nicht verflixt,
der Tod ist gleichsam ausgetrickst:
Die alten Zellen sind gestorben,
doch neue hat man sich erworben.

Somit ist also festzustellen:
Der Mensch ist *mehr als* seine Zellen –
die sind nach Jahren weg, nach sieben,
jedoch der Mensch, der ist geblieben.

Postskriptum

Ihr wisst es nun, die ihr dies lest:
Der Körper ist schon oft verwest.
Nehmt dieses Fakt als Hinweis an,
dass man ihn überleben kann.

Keine Zeit für die Unsterblichkeit

Sieht man in den Reklamespalten
das Angebot, sich jung zu halten,
so scheint es fast, man kann's vermeiden,
von dieser Welt jemals zu scheiden.

Lavendel, Knoblauch und Melisse,
der Saunagang und kalte Güsse,
Gemüsesaft und Baldrian
und Kürbiskerne für den Mann;

das Training mit dem Trimmgerät,
ein Urlaub, wo der Wind frisch weht,
und in besonders schweren Fällen:
die Injektion von Lebendzellen;

genau mit Vitamintabellen
den Speiseplan zusammenstellen,
den Körper nicht mit Gift belasten
und außerdem noch jährlich fasten;

dazu natürlich Yoga treiben
und sich in kaltem Schnee abreiben,
die Füße punktuell massieren
und täglich autogen trainieren:

Wenn man das alles richtig nimmt,
sich mit viel Fleiß und Eifer trimmt
und an Gesundheitsregeln hält,
dann bleibt man ewig auf der Welt.

Jedoch wenn man's bedenkt und zählt,
sieht man, was dazu leider fehlt:
die Zeit für die gesunden Sachen,
das alles konsequent zu machen.

Wenn wir die Zeit dazu nur hätten,
so würden wir das Leben retten.
Jedoch weil wir die Zeit nicht haben,
muss man uns leider doch begraben.

VIII. Das große Körper-ABC

A   ADRENALIN im Blute rinnt,
solang der Geist auf Rache sinnt.
Hat man einander dann verziehn,
verzieht sich auch Adrenalin.

B   Du hast zwei BEINE, rechts und links,
doch hintersinnig spricht die Sphinx:
Du gingst auf vieren, früh, als Säugling,
du gehst auf dreien, spät, als Beugling.[7]

C   Man kann's mit der CHEMIE beweisen:
Wir sind aus Wasser, Kalk und Eisen.
Doch bleibt dabei die Frage offen:
Wie wird ein Ich aus diesen Stoffen?

D   Die DNS trägt das Programm
für Wal und Affe, Wolf und Lamm.
Doch wie kommt es zum Menschenstamm?
Verträgt sich „Freiheit" mit „Programm"?

E   Ich war dereinst ein EMBRYO,
so winzig wie ein kleiner Floh.
Ich hab mich – was verwundert macht –
millionenmal verhundertfacht.

F   Der Feigling geht vorm Alter stiften
und lässt sich seine FALTEN liften.
Der Lebenskünstler sagt: „Die Runzeln?
Die sind bei mir doch nur vom Schmunzeln."

G Auf einer *GLATZE* ist kein Haar;
sie ist der Platz, wo welches war.
Bei manchem ist jedoch ein Kranz
noch Zeuge vom vergangnen Glanz.

H Bei unsern Trieben geht's nicht ohne
die Steuerung durch die *HORMONE*.
Trotzdem ist letzthin beim Gefühl
so was wie „Seele" mit im Spiel.

I Ich möcht mich gegen Ärger *IMPFEN:*
dass ich mich freu, statt rumzuschimpfen.
Doch welchen Impfstoff gibt es wohl?
Nur bitte nicht: den Alkohol!

J Das Fehlen von ein bisschen *JOD*
bringt unsre Seele aus dem Lot.
(Ist denn die Seele das Produkt
von dem, was unser Körper schluckt?)

K In einem ausgeprägten *KINN*,
sagt man, da liege Eigensinn.
Wenn ich nun eigensinnig bin,
liegt's nicht an mir, es liegt am Kinn.

L Um etwas frische Luft zu schnappen,
benötigt man die *LUNGENLAPPEN*.
Die Luft muss, wollen wir bestehen,
uns ständig durch die Lappen gehen.

M Hat man als Mensch ein *MONDGESICHT*,
erfreut es einen meistens nicht.
Egal dagegen ist's dem Mond,
der ist das nämlich schon gewohnt.

N Das nenn ich Neugier – mit dem Leibe:
drückt man die NASE an die Scheibe.
Man sieht dabei zwar nicht viel weiter,
doch unsre Nase – die wird breiter.

O Die OHRLÄPPCHEN, ob kleine, große,
ob angewachsen oder lose,
verraten sicher was vom Wesen.
Doch wer versteht's, das abzulesen?

P Durch die PUPILLE, winzig klein,
kommt Gottes Welt in mich hinein.
Ist diese Welt, komm ich ins Sinnen,
nun draußen oder ist sie drinnen?

Q Die Köpfe sitzen jedenfalls
grundsätzlich senkrecht auf dem Hals.
Die Stellung gilt auch unverwandelt,
wenn's sich um einen QUERKOPF handelt.

R Es ist wahrhaft kein Kompliment,
wenn man den Kopf die „RÜBE" nennt.
Sagst du's zu deinem Schatz in Liebe,
dann sag doch einfach „Zuckerrübe"!

S Das kleine STIMMBAND macht den Ton,
verschieden je nach der Person.
Der Schwätzer redet ohne Ende,
dann spricht das Stimmband gleichsam Bände.

T Die Evolution geht weiter.
Wir steigen höher auf der Leiter
und kriegen sogar neue Glieder:
Der TENNISARM beweist das wieder.

U   Man sitzt grad bei der Ärzteschaft
nicht gern in *UNTERSUCHUNGSHAFT*
und hofft auf Freispruch mit dem Grund:
„Sie sind von Kopf bis Fuß gesund!"

V   Vom Bauche gilt, wie auch vom Kopfe,
dass man da nicht zu viel reinstopfe!
Nicht, was man isst – was man *VERDAUT*,
ist das, was Leib und Geist erbaut.

W   Ein Kind *WÄCHST* gleichsam über Nacht
und weiß gar nicht, wie es das macht.
Woran man wieder einmal sieht,
wie viel ganz ohne uns geschieht.

X   Hat man als Chromosom zwei *X*,
dann lernt man später einen Knicks.
Man muss dann nämlich feminin
als Weibchen durch das Leben ziehn.

Y   Mit *YPSILON*, als Maskuliner,
macht man dagegen einen Diener.
So ahnt man schon beim Lebensstart
die spätere Verneigungsart.

Z   Der kleine *ZEH* scheint mir weit weg.
Doch tritt wer drauf, o welch ein Schreck!
Dann ist er nah, mein kleiner Zeh –
denn mir tut er ja schließlich weh.

Anmerkungen

1 *„Die Gesamtlänge der Blutgefäße im Körper wird auf ca. 130.000 km geschätzt."* (Klaus Ulrich Benner, „Der Körper des Menschen", Augsburg 1991, S. 128)

2 Ich wollte es genau wissen und habe eine Anfrage an das Institut für Ethnologie der Universität Hamburg gerichtet. Die Antwort lautete:

„Nicht ohne Freude und Spaß haben wir Ihre kurze Anfrage gelesen. Das Achselzucken ist kein Reflex, also keine unabdingbare Reaktion auf einen Reiz, vergleichbar mit unserem Schluckreflex. Die Körpersprache der Menschen ist so variabel wie andere Ausdrucksweisen: Kopfnicken, Kopfschütteln, der Handschlag zum Gruß sind frei kombinierbare Formen der nonverbalen Kommunikation, und darüber hinaus stimmen ihre Bedeutungen mit den unseren nicht immer überein. Mit herzlichen Grüßen, Andrea Zielinski"

Ich habe meine Zweifel an dieser freundlichen und kompetenten Auskunft. Vermutlich ist das Achselzucken kein „Reflex". Aber das damit ausgedrückte „Ich weiß es nicht" wird doch durch das „Wegstecken des Kopfes" zwischen die Schultern angemessen abgebildet. Insofern empfinde ich es als „natürlich" und nicht bloß als kulturelle Konvention. – Vielleicht sollte man eine Dissertation zum Thema „Achselzucken" verfassen.

3 Die ersten zehn Strophen basieren auf einer Sokrates-Anekdote, die ich frei in Verse gesetzt habe. Der Inhalt der letzten drei Strophen ist hinzuerfunden.

4 Es hat mich vergnügt, dass ich das Wort „Manieren" als Bezeichnung für christlichen Lebensstil bei dem sehr ehrwürdigen Liederdichter Heinrich Georg Neuß („Ein reines Herz, Herr, schaff in mir") fand, der 1690 schrieb:

„Wer hat mehr Ursach, fröhlich zu singen, als die Kirche über das große Heil in Christo? Fröhliche Manieren gehören nicht den Saufbrüdern, sondern der christlichen Kirche." (nach „Choralfibel", Breklum 1986)

5 Wenn man vier Kugeln aus 49 Sorten je neu zusammenstellt, dann ergeben sich 211.876 verschiedene Möglichkeiten. D.h. man kann 580 Jahre lang jeden Tag einen je verschiedenen Eisbecher mit vier Kugeln schlecken.

6 In diesem Zusammenhang weise ich auf die physiognomischen Werke von Max Picard hin, und zwar „Das Menschengesicht" (1929) und „Die Grenzen der Physiognomik" (2. Aufl. 1952). Picards Physiognomik ist am biblischen Urwort „Gott schuf den Menschen nach seinem Bilde" orientiert:

„Überhaupt alles, was neben dem Menschen auf der Erde ist, Tiere und Pflanzen, sind bloß die Erhebungen der Erde von unten her, Wellen der Erde; alle Tiere sind bloß wie fleischgewordene Wellen, Hügel der Erde. Der Mensch allein ist von oben her auf die Erde gestellt, er ist wie die Achse des Himmels, um die Achse herum gefalteter Himmel." („Grenzen", S. 28)

7 Die Sphinx gab Ödipus folgendes Rätsel auf: Welches Lebewesen geht morgens auf vier, mittags auf zwei und abends auf drei Beinen? Die Lösung: der Mensch. Als kleines Kind krabbelt er auf allen vieren, im Alter braucht er einen Stock; nur in der Mitte seines Lebens geht er auf seinen zwei Beinen.